Mis sentimientos

Fabiola Sepulveda

Notas para los adultos

Este libro sin palabras ofrece una valiosa experiencia de lectura compartida a los niños que aún no saben leer palabras o que están empezando a aprender a leer. Los niños pueden mirar las páginas para obtener información a partir de lo que ven y también pueden sugerir textos posibles para contar la historia.

Para ampliar esta experiencia de lectura, realice una o más de las siguientes actividades:

Pídale al niño que imite las expresiones que ve en el libro. Comenten juntos cómo podemos mostrar sentimientos con la cara.

Al mirar las imágenes y contar la historia, introduzca elementos de vocabulario, como las siguientes palabras:

- aburrido
- alegre
- asustado
- avergonzado
- cansado
- confundido
- decepcionado
- divertido
- enojado
- entusiasmado
- feliz
- ilusionado
- nervioso
- orgulloso
- pensativo
- preocupado
- tímido
- tranquilo
- triste

Comenten cómo podemos mostrar emociones con el cuerpo, usando el lenguaje corporal. Podemos cruzarnos de brazos, mirar hacia abajo, saltar y cerrar las manos, entre otras cosas.

Jueguen a adivinar las expresiones: hagan diferentes expresiones faciales y adivinen la emoción que está mostrando el otro.

Después de mirar las imágenes, vuelvan al libro una y otra vez. Volver a leer es una excelente herramienta para desarrollar destrezas de lectoescritura.

Asesora
Cynthia Malo, M.A.Ed.

Créditos de publicación
Rachelle Cracchiolo, M.S.Ed., *Editora comercial*
Emily R. Smith, M.A.Ed., *Vicepresidenta superior de desarrollo de contenido*
Véronique Bos, *Vicepresidenta de desarrollo creativo*
Dona Herweck Rice, *Gerenta general de contenido*
Caroline Gasca, M.S.Ed., *Gerenta general de contenido*

Créditos de imágenes: todas las imágenes cortesía de iStock y/o Shutterstock

Library of Congress Cataloging in Publication Control Number:
2024016215

Se prohíbe la reproducción y la distribución de este libro por cualquier medio sin autorización escrita de la editorial.

Estas u otras palabras que describen sentimientos pueden usarse para describir la emoción que se muestra en cada página.

página 2: feliz
página 3: triste
página 4: enojada
página 5: tranquilo
página 6: pensativo
página 7: confundido
página 8: tímido
página 9: desenvuelta
página 10: preocupado
página 11: asustada

página 12: contenta
página 13: orgullosa
página 14: decepcionad
página 15: ilusionada
página 16: divertida
página 17: entusiasmade
página 18: aburrido
página 19: nerviosa
página 20: cansada
página 21: agotado

5482 Argosy Avenue
Huntington Beach, CA 92649
www.tcmpub.com
ISBN 979-8-7659-6161-2
© 2025 Teacher Created Materials, Inc.
Printed by: 926. Printed in: Malaysia. PO#: PO13820